AF229032

DROITS & DEVOIRS

DE PARIS

SOMMAIRE. — Comment s'est fait Paris. — Paris aux Parisiens. — Qu'est-ce que le peuple parisien? — Malentendu entre Paris et les Départements. — République ou Monarchie. — Paris ville-libre. — Système fédératif. — Conclusion.

PRIX : 25 CENTIMES

PARIS

<table>
<tr><td>E. DENTU,
PALAIS ROYAL
Galerie d'Orléans, 17 et 19.</td><td>BOURSELET,
ANCIENNE MAISON LEGRAS
Boulevard des Capucines, 27.</td></tr>
</table>

1871

Paris. — Imprimé chez Jules Bonaventure,
55, quai des Grands-Augustins.

DROITS & DEVOIRS

DE PARIS

Cet opuscule a été imprimé en mai dernier, mais n'a pu être publié.
Nous n'avons pas cru devoir y rien changer.

Comment s'est fait Paris.

A son origine, qu'était Paris? une petite bourgade des Gaules perdue au milieu d'une île fangeuse.

Aujourd'hui c'est la première des capitales du monde civilisé. De l'aveu de ses détracteurs les plus acharnés, c'est la ville au rayonnement lumineux, à l'initiative hardie, téméraire, et qui répand incessamment sur le monde une gerbe d'idées; gerbe où les épis d'or laissent un peu de place à l'ivraie.

Parvenu à ce faîte des splendeurs humaines, Paris le doit-il à ses seuls efforts? N'est-il que le produit de sa propre substance agrandie ou régénérée?

Répondre par une affirmation, serait certainement commettre en même temps une erreur et une injustice.

La puissance de Paris et son influence sur le monde ont leur source dans ce fait capital, et que toute notre histoire met en évidence, que, choisie comme lieu de séjour, ou plutôt centre d'action par les chefs de la nation gallo-franque, cette ville est devenue, dès les premiers temps de l'ère moderne, le point d'appui, le drapeau de ralliement de l'unité française. Unité qui n'est pas le produit de cas fortuit, de combinaisons plus ou moins habiles, mais bien le résultat des nécessités du temps. L'unité était dans la force des choses; c'était la question de vie ou de mort pour un peuple qui, comme le peuple gallo-franck, était comme campé en Europe au milieu de redoutables ennemis.

Il s'ensuivit qu'à plusieurs époques des temps modernes, et tandis que les plus grandes capitales de l'Europe n'étaient que des centres de groupes territoriaux relativement peu importants, Paris centralisait les forces vives du groupe de territoires nationaux, le plus puissant de l'Europe par le nombre de ses habitants, la richesse du sol et les qualités propres de la race qui l'habitait.

La vérité historique dit ceci :

A Paris, et durant plusieurs siècles, se sont accumulées les forces vives de la France, considérées sous leur double aspect intellectuel et matériel. Énumérez les noms des hommes célèbres en tous genres qui ont fait à la grande ville sa couronne de gloire et inscrivez à côté leur lieu d'origine; faites la part des trésors de la France dans ce qu'ont coûté ses édifices, ses collections artistiques, scientifiques, industrielles; les encouragements prodigués aux étrangers illustres par leur savoir ou leur génie, qui s'y sont rencontrés, et vous trouverez des chiffres tellement formidables, qu'il faudra bien reconnaître que toutes les forces d'un grand peuple pouvaient seules y suffire.

Ainsi Paris a centralisé la gloire, la fortune, le génie de la France; il est devenu la plus complète et la plus splendide expression du génie français. Eh bien, à cette France qui vous a fait riche, éclairé, puissant, ceux qui vous calomnient prétendent, ô Paris, que vous voulez répondre aujourd'hui : Je ne te connais plus; je veux vivre désormais en riche parvenu que je suis. C'est mon droit.

Non, ce droit, Paris ne l'a pas ; et l'eût-il, qu'en faire usage serait pour lui signer sa déchéance morale et sa ruine matérielle.

Paris aux Parisiens. — Qu'est-ce que le peuple parisien?

Paris doit être aux Parisiens. C'est une vérité tellement élémentaire et de bon sens, qu'à moins de vouloir ergoter quand même, il ne peut y avoir matière à discussion sérieuse.

Mais la question est complexe : les Parisiens forment-ils une fraction du peuple français, et par conséquent sont-ils soumis aux mêmes devoirs et aux mêmes charges pour tout ce qui concernerait l'intérêt général ; ou bien, y a-t-il un peuple parisien proprement dit, et dont les conditions d'existence sont telles qu'il puisse traiter de gré à gré, de puissance à puissance, et en vue de son seul intérêt, avec ses voisins?

Cette dernière hypothèse est inadmissible, car il n'existe pas de peuple parisien

Un peuple n'est autre chose qu'une famille, une fraction de la race humaine qui s'est multipliée à travers les temps en conservant ses caractères principaux : les ressemblances ethnographiques et la communauté du langage. A la longue, des peuples différents peuvent se fondre ensemble et présenter ces mêmes caractères : ce sont les peuples nouveaux.

Mais ici rien de semblable n'apparaît ; on ne voit aucun des caractères qui constituent un peuple à part.

Paris n'emploie que la langue française et sans mélange d'aucun idiome, dialecte ou patois. On y parle le français et non le parisien.

Sa population, qui ne dépassait guère 200,000 âmes il y a deux siècles et demi, était, au commencement de ce siècle, d'environ 600,000 âmes en nombres ronds, et y compris celles des communes suburbaines depuis annexées.

Aujourd'hui, si nous défalquons de sa population d 1,700,000 habitants, selon le dernier recensement, et en nombres ronds, environ 100,000 étrangers, 200,000 provinciaux (soldats compris) qui viennent s'y établir ou qui y séjournent temporairement, comme étudiants, employés de commerce, représentants d'industries locales, etc., nous voyons tout de suite que, pour plus des deux tiers, la population parisienne, ou n'est pas originaire de Paris, ou remonte à peine à une deuxième, une troisième génération. La vieille souche parisienne, selon les statisticiens, ne dépasse pas 200,000 âmes. Il est donc bien clair que Paris est habité par une agglomération française et non par un peuple à part.

Du reste, cette conclusion ne saurait restreindre en rien le droit de Paris d'être aux Parisiens, c'est-à-dire à ceux qui l'habitent, et pour qui il est la cité mère ou la cité d'adoption. Qui supporte les charges, c'est-à-dire qui paie, a le droit de contrôler les actes des gérants de l'association et de les révoquer.

Ce droit de Paris de se gouverner lui-même par ses mandataires, pour nous, est un droit absolu.

Malentendu entre Paris et les Départements. — République ou Monarchie.

Nous le répétons, ce droit est absolu ; mais où l'abus de pouvoir, où la félonie commencerait, serait le cas où Paris se servirait des armes que la France a mises en ses mains pour faire prévaloir sa volonté et l'imposer au pays.

Est-ce là où tend Paris ? nous ne le croyons pas ; mais, il faut l'avouer, les apparences ont été souvent contre lui. A tort, selon nous encore, s'est accréditée la croyance à une action despotique de Paris sur les départements.

Où en est la cause ? Quels en sont les résultats ?

Les résultats, ils frappent tous les yeux : c'est la scission presque accomplie entre la capitale et le pays ; c'est entr'eux l'antagonisme devenu l'état normal, et mettant aux prises les passions furieuses sur les ruines de notre sol foulé par les Prussiens.

Un jour, un seul jour de notre vie, si vous voulez soyons justes les uns envers les autres, et cette effroyable situation se dénouera d'elle-même.

Car sa cause, quelle est-elle ?

Je l'affirme en toute sincérité, et quoique parfaitement sûr d'être blâmé des deux côtés : les torts sont égaux et réciproques.

Que dit Paris ?

« Tête et cerveau de la France, réunissant en lui tous les moyens d'instruction, toutes les sommités de la science, de la politique, de l'industrie, enfin toutes nos forces éparses, n'est-ce pas de lui que naturellement doit partir toute impulsion? Pourquoi le pays serait-il froissé par sa prépondérance, se montrerait-il rétif à son action? Cette action n'est, en définitive, que l'action collective de tout le pays agissant par ses forces concentrées à Paris. »

Mais que répond le pays?

« Paris, il est vrai, est une synthèse de la France, nous l'accordons, et, à ce titre, il est de droit à notre tête. C'est bien le cerveau sans cesse régénéré par le sang de nos populations les plus saines et les plus fortes. Mais, comme bon nombre de cervelles humaines, n'a-t-il pas dans quelques-uns de ses obscurs recoins le germe latent, l'abcès imperceptible au début, dont parle Broussais, et qui, voilé sous les apparences de la santé, peut tout-à-coup, sous des causes imprévues, infester le plus solide organisme cérébral.

« Nous acceptons la direction venant du vrai Paris, savant, industriel, politique, humanitaire, ayant pour arme la parole inspirée, la persuasion, et pour évangile l'amour de l'humanité; mais nous ne voulons pas du Paris de la violence. De Paris troublé, nous en appellerons toujours à Paris calme, ouvrant les cœurs de ses fils aux fécondes semences du progrès pacifique, et comprenant que ses écarts d'imagination, lorsqu'ils dépassent la mesure pratique, compromettent et retardent le succès. »

Qui donc ici a tort? Qui donc a raison?

Tout le monde.

Parce que, de part et d'autre, on reste sourd, on reste rebelle à cette vérité si simple de la morale et de la physique, qui nous dit : le mouvement est l'essence même de la nature, puisqu'elle se transforme sans cesse, et ce mouvement est réglé par des lois absolues, à l'influence desquelles rien ne peut se soustraire. Pour vouloir mener trop vite aussi bien une machine qu'un peuple, on détraque l'un et l'autre. Ceci n'est point une abstraction, c'est une vérité mathématique.

Il résulterait de ce qui précède que nous sommes en présence d'un malentendu. Mais ce malentendu est difficile à éclaircir, parce qu'aujourd'hui ses deux termes nous cachent la vérité sous des apparences, et la vérité est que, dans chacun d'eux, s'incarne un passé qui n'est plus de notre temps.

Ne nous payons pas de mots et précisons.

Il n'y a, à vrai dire, aucun malentendu. La question, si l'on veut être franc, se pose entre la monarchie du privilége héréditaire, impossible à restaurer dans notre société démocratique, et la république sociale, qui se montre trop comme un pastiche de 93 : 93, c'est la révolution et non pas la république, celle-ci suppose toujours le règne des lois.

Le parti de la république sociale a pour lui une part de l'avenir. Il veut le progrès actif, ardent, désordonné. Il marche vite, mais trop vite.

Le parti qui se croit appelé au rôle de modérateur s'est malheureusement peu occupé des questions d'économie sociale; il n'a aucune foi en la cause qu'il défend, et ne sait apporter, pour retarder un mouvement dont la vitesse le surprend et l'effraye, que les débris, désormais sans grandeur, de son vieux temple monarchique écroulé.

Ces deux partis fonctionnent conformément aux lois de l'humanité, et le penseur qui s'irrite de leur co-existence n'a pas étudié attentivement la marche des choses humaines et de la nature. Le progrès implique toujours la lutte entre une force qui détruit en partie ou en totalité et une force qui résiste à la destruction, et entre ces deux forces, aux prises, intervient la puissance qui crée à nouveau ou qui améliore.

Entre le parti de la révolution, qui déblaye peu à peu notre sol, quand il ne brise pas ses outils par un travail précipité, et le parti qui cède à regret, mais pied à pied, le terrain, se trouve naturellement la place de cette puissance qui utilise pour créer l'édifice social ou l'améliorer les matériaux suffisamment sains que lui lègue le passé.

Cette puissance dans notre société moderne ne peut être qu'un gouvernement républicain.

Parce que seul il peut prendre pour bases :

Le règne de la loi substitué au règne d'un ou de plusieurs hommes;

Le principe de l'élection substitué au principe de l'hérédité.

Remarquons en passant que ce dernier, par une dérision de sa signification et du sort, n'a été rajeuni ou restauré chez nous que pour des héritiers qui n'ont p hérité.

L'histoire, la logique, le bon sens, car le bon se banni de la politique demande à y faire sa rentrée, prouvent surabondamment que puisque c'est le gouvernement *qui nous divise le moins*, c'est le seul qui ouvre une issue à l'impasse politique où la France est acculée, et aussi par cette raison bien simple qu'il laisse une porte constamment ouverte aux améliorations sociales sans secousses. Il devient alors une soupape de sûreté contre la pression des forces intellectuelles en mouvement, ces véritables gaz comprimés qui font les révolutions.

Pourquoi ne pas vous rencontrer sur ce terrain commu en loyaux adversaires :

Vous d'abord, la France des cultivateurs du sol de la patrie, vous qui avez besoin d'ordre et de stabilité, ce qu'aucun homme n'a pu vous donner, ne comprendrez-vous pas que vous les trouverez dans de nouvelles institutions? Non pas les institutions qu'on adapte à la fortune d'un homme et qui tombent avec lui, mais celles auxquelles on peut adapter successivement les hommes qui en résument le mieux l'esprit?

Vous ensuite, la France du progrès social, plus particulièrement concentrée à Paris, ne voyez-vous pas que ce terrain est déjà admirablement préparé pour y semer et y faire fructifier vos doctrines? Soyez en sûrs, leur triomphe, dans ce qu'il a de légitime, viendra fatalement; mais il ne viendra qu'à son heure. Il dépend de vous de retarder ou de hâter cette heure, selon que vous emploierez la force brutale primant le droit, ou la puissance morale qui, depuis l'origine des siècles, a usé toutes les forces, toutes les tyrannies; qu'elles vinssent d'un homme ou de plusieurs.

Paris ville-libre. — Système fédératif.

Paris ville-libre, dans le sens que des aveugles bien intentionnés attachent à cette expression, et au moment même où ce qui restait des villes-libres se fond dans de plus grands états, serait la négation des progrès politiques et sociaux dûs à la révolution française. Paris entreprendrait alors de refaire l'histoire à rebours.

Ou Paris-libre serait seul au milieu de la France, et, qu'il le voulût ou non, à la merci de ceux qui le nourriraient;

Ou Paris verrait se multiplier autour de lui des villes-libres, simplement reliées entr'elles par le lien fédératif.

Examinons les deux hypothèses.

Paris ville-libre aura nécessairement sa classe de citoyens, comme toujours, glorieux et jaloux de leurs droits de cité. Il est difficile de croire que cette classe acceptera comme siens tous les Français venant se fixer temporairement ou définitivement à Paris, et il est tout aussi difficile d'admettre que le pays enverra ses fils puiser le savoir et prendre des leçons de patriotisme dans une ville qui cessera d'être l'expression de la nationalité française. Alors la source de la supériorité intellectuelle de Paris se tarira peu à peu.

Dans la cité libre se formera bientôt au moins deux classes d'habitants : les Parisiens et les néo-Parisiens ; ce qu'on appelait dans quelques villes républicaines du siècle dernier les natifs et les négatifs ; ceux nés de la race aborigène qui va sans cesse s'amoindrissant, et ceux provenant des gens du dehors qui sont venus former des établissements dans la ville. Plus tard on les retrouvera en guerre : guelfes et gibelins.

Dans le premier cas de Paris aux Parisiens pur-sang, sa population s'étiole, s'appauvrit. Dans le deuxième cas de Paris se gonflant d'étrangers, il cesse d'être une individualité. Il devient un bazar ; c'est le cosmopolisme en permanence. Alors Paris n'est plus Paris, c'est Babel.

Passons à la seconde hypothèse, celle des 37,000 communes de France, se modelant sur Paris et simplement rattachées l'une à l'autre par le lien du fédéralisme. Ou vous manquerez de logique, ou il vous faut reconnaître à chaque commune le droit à l'autonomie, et vous créez du coup 37,000 petites républiques. Ce sera un retour aux origines de l'histoire de la Gaule chevelue, aux centaines de républiques ou de clans.

De quel droit ferez-vous alors d'une ville le centre d'une région, d'un groupe? Ne voyez-vous pas poindre l'antagonisme entre la grande ville et les petites villes dont vous voulez faire des satellites, et, conséquence plus grave encore, et qui appelle vos méditations, vous déposez partout le germe de la guerre entre les villes et les campagnes. Fatalement votre principe vous conduit à l'érection de la commune double, urbaine et rurale.

Un exemple est là sous nos yeux, et nous pourrions en trouver d'autres : le canton de Bâle en Suisse a une population d'environ 70,000 âmes; après de longs et sanglants démêlés il s'est fractionné en deux demi-cantons, Bâle-ville et Bâle-campagne, indépendants l'un de l'autre.

Rappellerons-nous aussi ce peuple Grec, si brave, si éclairé, si intelligent? Son fractionnement en petites puissances trop locales l'a perdu. Le lien fédératif a été impuissant, et la patrie commune s'est émiettée au premier contact du colosse romain.

Et contre nous grandit le colosse allemand.

Nous laisserons de côté ici la fédération américaine; nous n'avons rien à y voir. Son histoire n'est pas notre histoire; ses mœurs ne sont pas nos mœurs, et nous ne serions que ses pauvres et mauvais copistes. D'ailleurs le rôle que nous remplissons dans le monde tient essentiellement à notre individualité. C'est par nos différences, quand on nous compare à d'autres peuples, que notre influence est assurée et que notre action émancipatrice a sa raison d'être.

Et puis ne voyez-vous pas que, sous le couvert des droits de cité, vous allez faire refleurir à l'ombre d'une génération, renouvelée de deux siècles, de nouveaux syndics, échevins, capitouls, etc., etc., les petites bourgeoisies locales si amoureuses de leurs clochers? Lesquelles, et toujours, conséquence ou inconséquence de l'infirmité humaine, mettent leurs petits priviléges au-dessus des intérêts généraux et sacrés de la grande patrie.

Était-ce pour arriver à ce résultat que nos pères ont combattu et que nous combattons?

Ceux-là étaient de grands patriotes, de profonds politiques, quand, mettant l'intérêt de l'humanité, l'intérêt général au-dessus de l'intérêt privé, tout en sauvegardant celui-ci dans sa mesure légitime, ils proclamaient une République *une et indivisible*. Ils rompaient ainsi, et à tout jamais, avec la devise machiavélique : *diviser pour régner*. Qu'ont-ils donc dans le cœur, et que veulent-ils aujourd'hui, ceux qui tentent la restauration de cette effroyable maxime, encore toute rouge de sang?

Conclusion.

Paris sans la France n'existerait pas.

La France sans Paris n'eût peut-être pas réalisé sa puissante unité.

Que deviendrait Paris sans la France? Une nouvelle Venise, dont la décadence serait rapide.

Que deviendrait la France sans Paris? une fédération sans puissance de régions mal liées.

Un état d'hostilité réciproque entre la France et Paris rouvre fatalement l'histoire au chapitre douloureux du martyre de la Pologne.

Hélas! nous montons déjà les degrés sanglants de son calvaire : notre premier démembrement a lieu aux lugubres lueurs qu'allume la guerre civile et sous le regard méprisant des Prussiens !

La Pologne a subi trois démembrements avant de disparaître de la carte d'Europe.

Notre premier est accompli. A quand le deuxième, Messieurs les partisans de la fédération quand même, et les monarchistes?

Me suis-je trompé? peut-être ! Cependant il m'a semblé lire sur votre double drapeau, en lettres rouges ou blanches : Meure la France plutôt que notre principe, plutôt que notre système !

Moi, je répondrai de toute la puissance que l'amour de la patrie et de l'humanité a mise en moi :

Vive la République ! La République qui s'est proclamée une et indivisible; qui a pris pour devise : l'union, c'est la force, et qui inscrit sur son drapeau, non pas l'anachronisme de la foi aveugle en un homme ou en un système, mais la grande loi de la fraternité. Loi sublime et qui suffira à tout et à tous; parce que de sa mise en pratique découlent et le respect de tous les droits et l'accomplissement de tous les devoirs.

Claudius **SAUNIER**,

horloger-mécanicien.